Impressum
Verlag: BABADADA GmbH, Nedderfeld 112 , 22529 Hamburg
Geschäftsführer / Verlagsleitung: Harald Hof
Druck: Books on Demand GmbH, In de Tarpen 42, 22848 Norderstedt

Imprint
Publisher: BABADADA GmbH, Nedderfeld 112 , 22529 Hamburg, Germany
Managing Director / Publishing direction: Harald Hof
Print: Books on Demand GmbH, In de Tarpen 42, 22848 Norderstedt, Germany

1

ysgol
学校

ystafell ddosbarth
教室

rhannu
除

186/2

bwrdd
黑板

iard ysgol
校园

athro
老师

papur
纸

ysgrifennu
书写

pen
钢笔

desg
办公桌

pren mesur
直尺

llyfr
书

disgybl
学生

bag ysgol

书包

blwch penseli

铅笔盒

pensil

铅笔

peth rhoi min ar bensil

卷笔刀

rwber

橡皮擦

pad arlunio

画板

llun

图画

brws paent

画笔

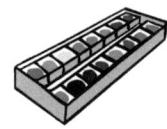

blwch paent

颜料盒

siswrn

剪刀

glud

胶水

llyfr ysgrifennu

练习册

gwaith cartref

家庭作业

rhif

数字

2+2

ychwanegu

加

tynnu

减

lluosi

乘

cyfrifo

计算

llythyren

字母

gwyddor

字母表

gair

字

testun

课文

darllen

读

sialc

粉笔

gwers

上课

cofrestr

登记

arholiad

考试

tystysgrif

证书

gwisg ysgol

校服

addysg

教育

gwyddoniadur

百科全书

prifysgol

大学

microsgop

显微镜

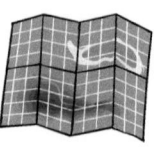

map

地图

basged papur gwastraff

废纸篓

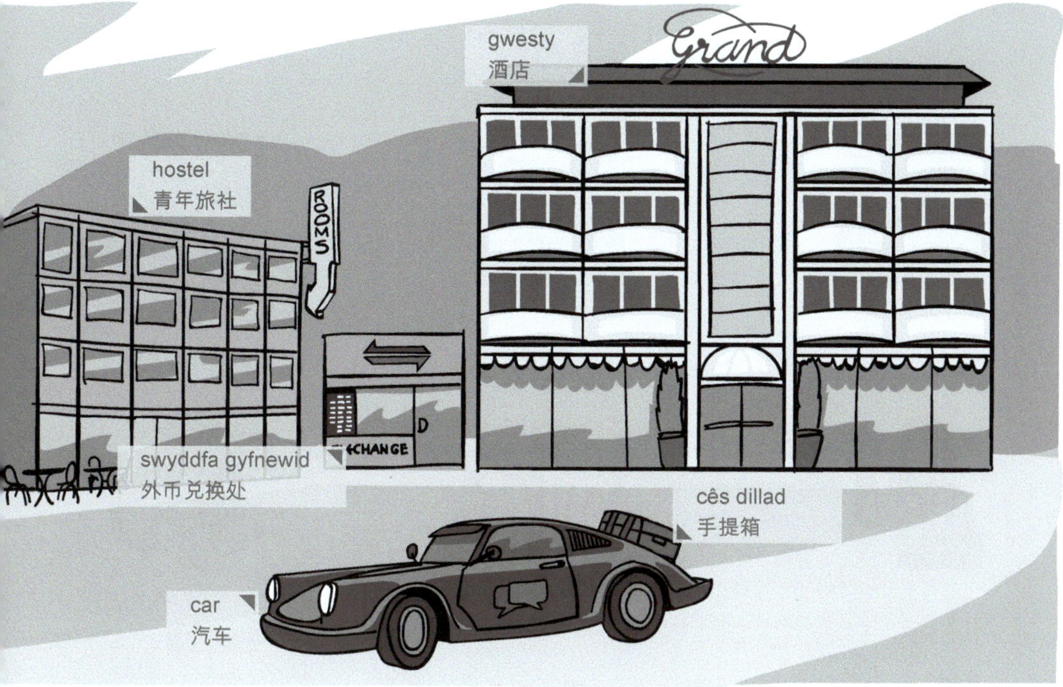

gwesty
酒店
Grand
hostel
青年旅社
ROOMS
EXCHANGE
swyddfa gyfnewid
外币兑换处
cês dillad
手提箱
car
汽车

iaith
语言

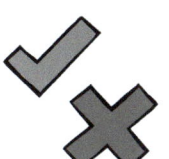

ie / na
是/否

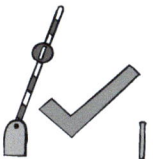

iawn
好的

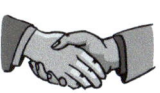

helo
您好

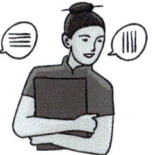

cyfieithydd
翻译员

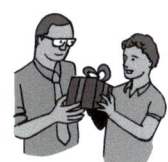

Diolch yn fawr
谢谢

faint yw ...?

......多少钱？

Dw i ddim yn deall

我不明白

problem

问题

Noswaith dda!

晚上好！

Bore da!

早上好！

Nos da!

晚安！

hwyl

再见

cyfarwyddyd

方向

bagiau

行李

bag

包

gwarbac

双肩包

gwestai

客人

ystafell

房间

sach gysgu

睡袋

pabell

帐篷

gwybodaeth i ymwelwyr

旅游信息

traeth

海滩

cerdyn credyd

信用卡

brecwast

早餐

cinio

午餐

swper

晚餐

tocyn

票

lifft

电梯

stamp

邮票

ffin

边界

tollau

海关

llysgenhadaeth

大使馆

fisa

签证

pasbort

护照

cludiant
交通运输

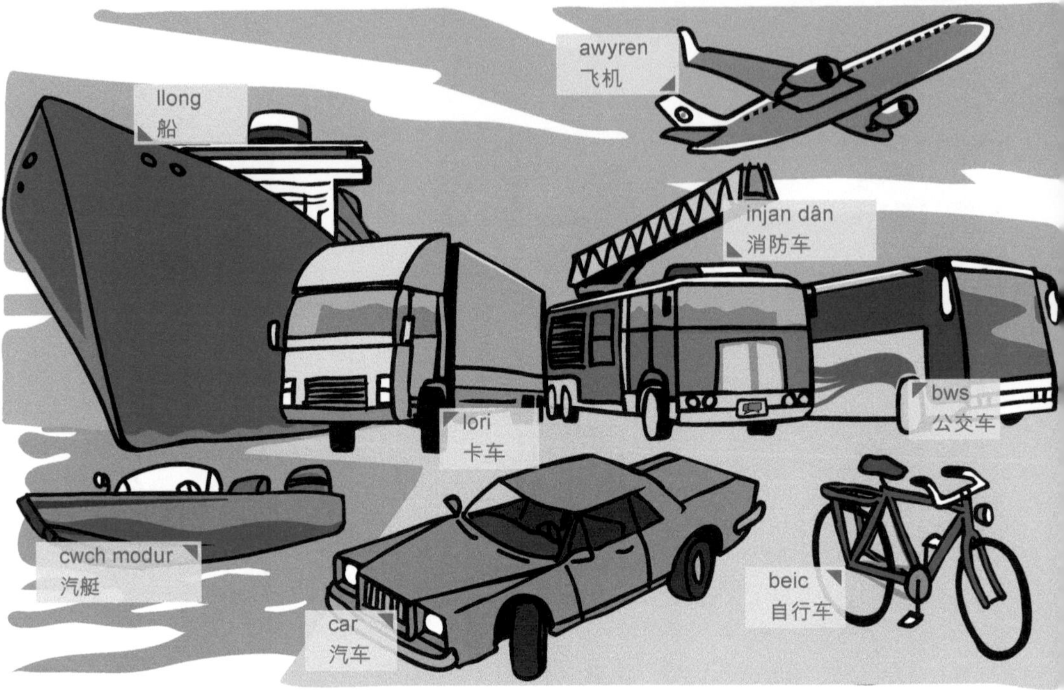

awyren
飞机
llong
船
injan dân
消防车
bws
公交车
lori
卡车
cwch modur
汽艇
beic
自行车
car
汽车

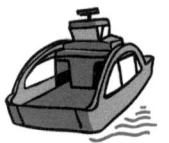

fferi

摆渡船

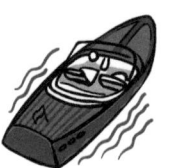

cwch

小船

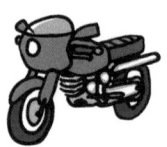

beic modur

摩托车

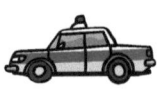

car yr heddlu

警车

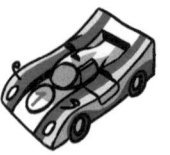

car rasio

赛车

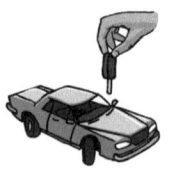

car wedi'i rentu

租车

rhannu car

拼车

lori tynnu

拖车

lori ysbwriel

垃圾车

modur

发动机

tanwydd

汽油

gorsaf betrol

加油站

arwydd traffig

交通标志

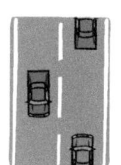

traffig

交通

tagfa draffig

交通堵塞

maes parcio

停车场

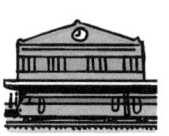

gorsaf drennau

火车站

traciau

轨道

trên

火车

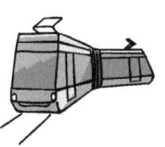

tram

电车

wagen

货车

hofrennydd

直升机

maes awyr

机场

tŵr

塔

teithiwr

乘客

cynhwysydd

集装箱

paced

纸板箱

cert

手推车

basged

篮子

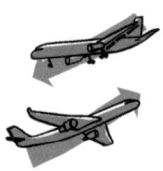

esgyn / glanio

起飞/降落

dinas

城市

pentref

村庄

canol y ddinas

市中心

tŷ

房子

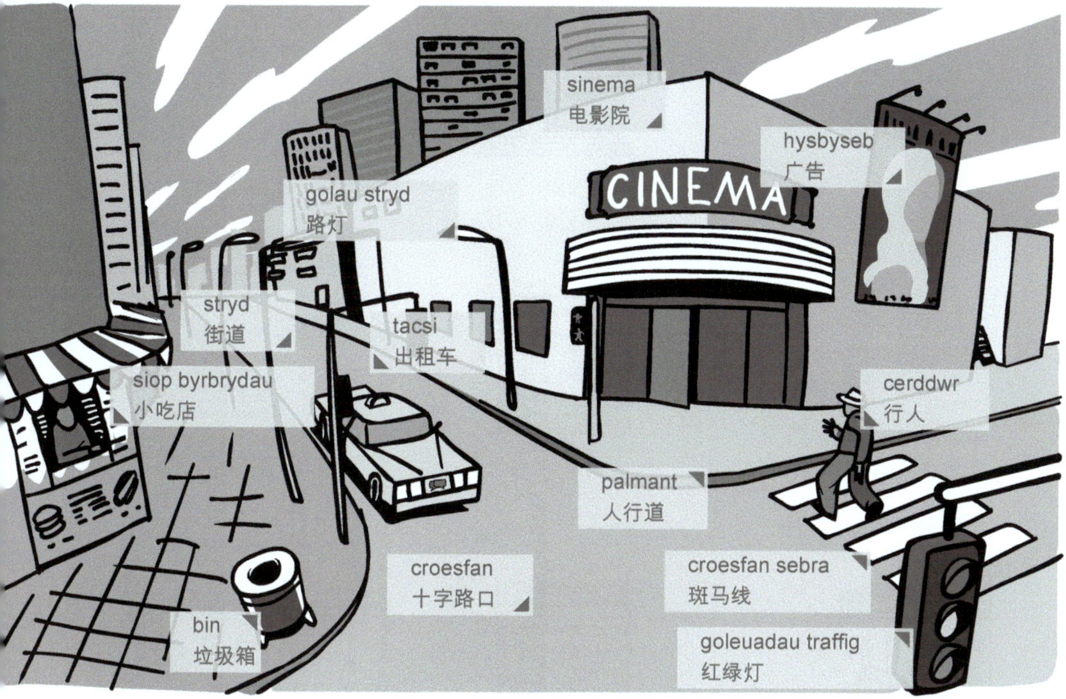

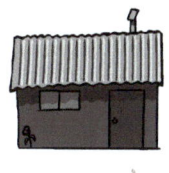

CINEMA
sinema
电影院
hysbyseb
广告
golau stryd
路灯
stryd
街道
tacsi
出租车
siop byrbrydau
小吃店
cerddwr
行人
palmant
人行道
croesfan
十字路口
croesfan sebra
斑马线
bin
垃圾箱
goleuadau traffig
红绿灯

cwt

小屋

fflat

公寓

gorsaf drennau

火车站

neuadd y dref

市政厅

MUSEUM

amgueddfa

博物馆

ysgol

学校

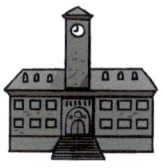

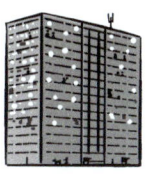

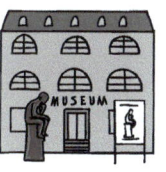

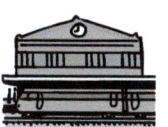

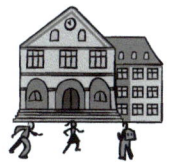

prifysgol

大学

banc

银行

ysbyty

医院

gwesty

酒店

fferyllfa

药房

swyddfa

办公室

siop lyfrau

书店

siop

商店

siop flodau

花店

archfarchnad

超市

farchnad

市场

siop adrannol

百货商店

siop bysgod

鱼店

canolfan siopa

购物中心

harbwr

海港

parc

公园

banc

长凳

pont

桥

grisiau

楼梯

rheilffordd danddaearol

地铁

twnnel

隧道

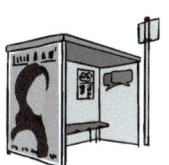

safle bws

公交车站

bar

酒吧

bwyty

餐馆

blwch post

邮筒

arwydd stryd

路标

mesurydd parcio

停车计时器

sŵ

动物园

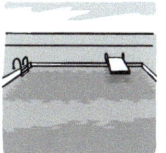

pwll nofio

游泳馆

mosg

清真寺

 fferm
农场

llygredd
污染

mynwent
墓地

eglwys
教堂

maes chwarae
操场

teml
寺庙

tirwedd
地形

deilen
树叶

arwydd cyfeirio
指示牌

ffordd
路

dôl
草地

carreg
石头

coeden
树

heiciwr
徒步旅行者

afon
河

glaswellt
草

blodyn
花

cwm

峡谷

bryn

山

llyn

湖

coedwig

森林

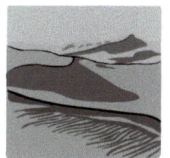

anialwch

沙漠

llosgfynydd

火山

castell

城堡

enfys

彩虹

madarchen

蘑菇

palmwydden

棕榈树

mosgito

蚊子

pryf

苍蝇

morgrugyn

蚂蚁

gwenyn

蜜蜂

pryf copyn

蜘蛛

chwilen

甲虫

llyffant

青蛙

gwiwer

松鼠

draenog

刺猬

ysgyfarnog

野兔

tylluan

猫头鹰

aderyn

鸟

alarch

天鹅

baedd

野猪

carw

鹿

elc

麋鹿

argae

水坝

tyrbin gwynt

风力发电机

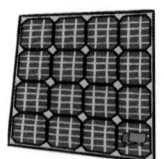

panel haul

太阳能电池板

hinsawdd

气候

bwyty
餐馆

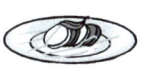

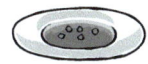

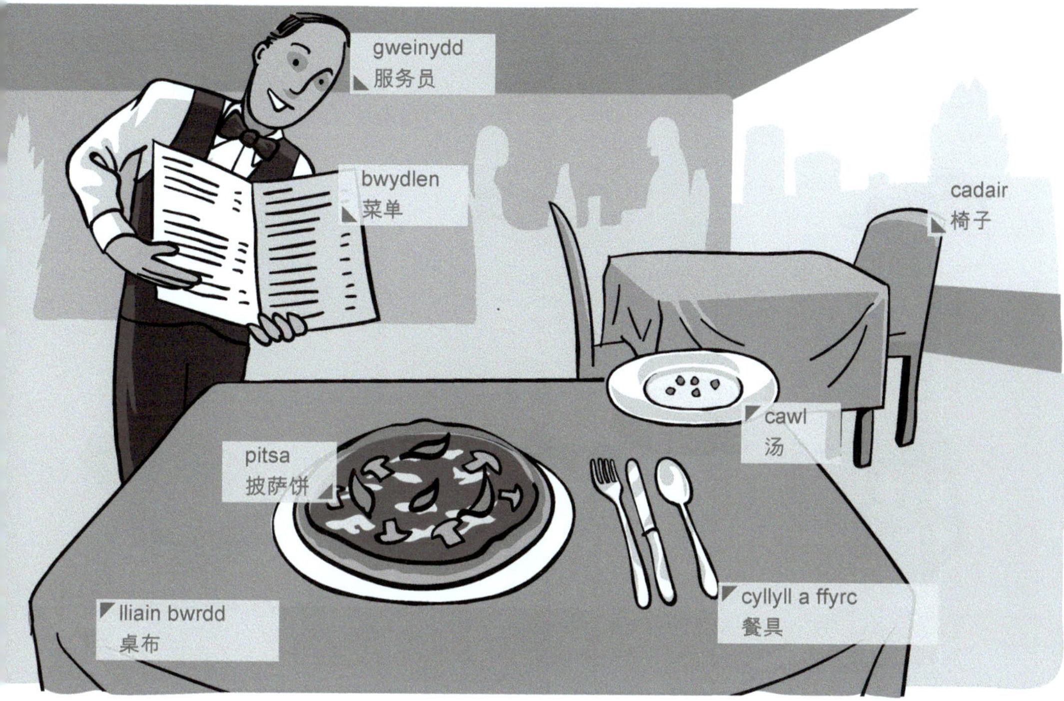
gweinydd
服务员
bwydlen
菜单
cadair
椅子
cawl
汤
pitsa
披萨饼
cyllyll a ffyrc
餐具
lliain bwrdd
桌布

cwrs cyntaf
....
前菜

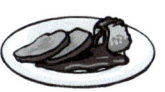

prif gwrs
....
主菜

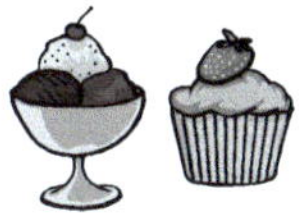

pwdin
....
甜点

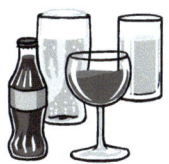

diodydd
....
饮料

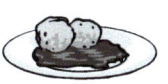

bwyd
....
食物

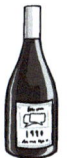

potel
....
瓶子

bwyd cyflym

快餐

bwyd y stryd

街边小吃

tebot

茶壶

powlen siwgr

糖盒

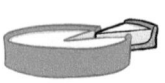

dogn

一份饭菜

peiriant espresso

意式咖啡机

cadair plentyn

高脚椅

bil

账单

hambwrdd

托盘

cyllell

刀

fforc

餐叉

llwy

勺子

llwy de

茶匙

napcyn

餐巾

gwydr

玻璃杯

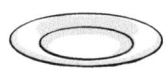

plât

碟子

plât cawl

汤盘

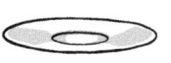

soser

碟子

saws

酱

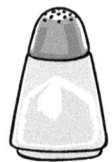

pot halen

盐瓶

melin bupur

胡椒磨

finegr

醋

olew

食用油

sbeisys

调味料

saws coch

番茄酱

mwstard

芥末

mayonnaise

蛋黄酱

archfarchnad

超市

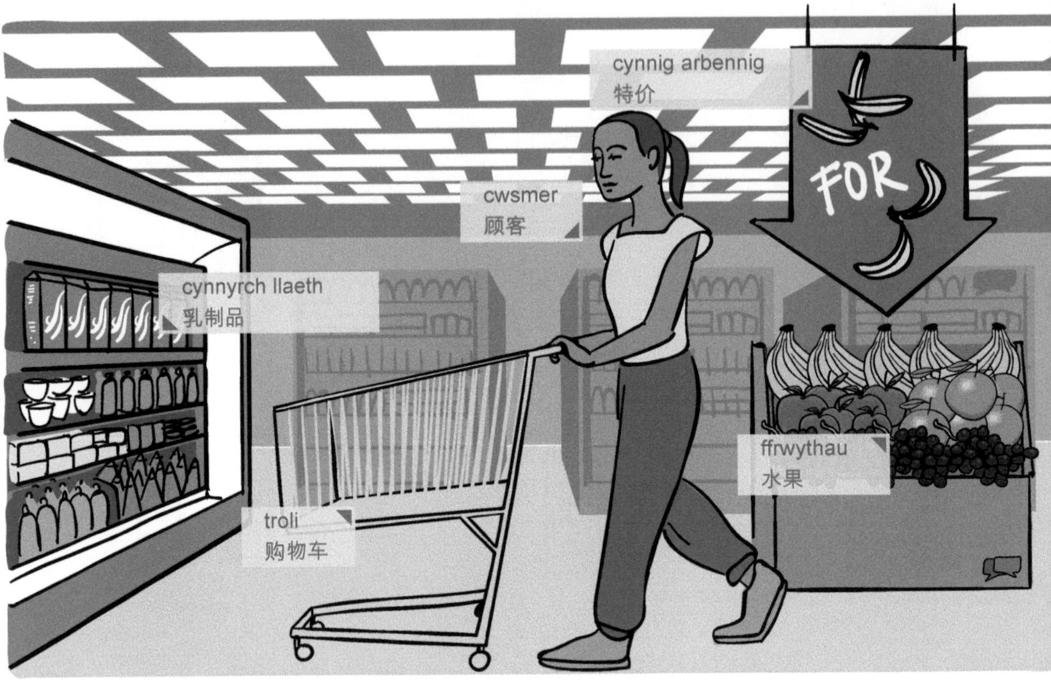

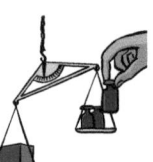

cynnig arbennig
特价
FOR
cwsmer
顾客
cynnyrch llaeth
乳制品
ffrwythau
水果
troli
购物车

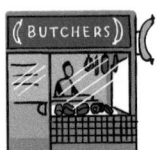

BUTCHERS

siop gig

肉铺

BAKERY

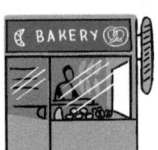

siop fara

面包房

pwyso

称重

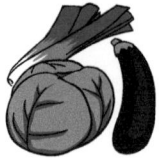

llysiau

蔬菜

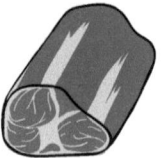

cig

肉

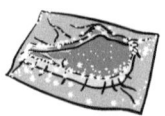

Bwyd wedi'i rewi

冷冻食品

cig oer

冷盘

bwyd tun

罐头食品

powdr golchi

洗衣粉

da-da

甜食

cynnyrch cartref

日用品

cynhyrchion glanhau

清洁用品

gwerthwraig

销售员

til

收银机

ariannwr

收银员

rhestr siopa

购物清单

oriau agor

开放时间

waled

钱包

cerdyn credyd

信用卡

bag

袋子

bag plastig

塑料袋

diodydd
饮料

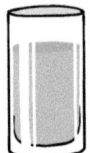

dŵr

水

sudd

果汁

llefrith

牛奶

côc

可乐

gwin

红酒

cwrw

啤酒

alcohol

酒

coco

可可

te

茶

coffi

咖啡

espresso

意式浓缩咖啡

cappuccino

卡布奇诺

ffrwchledd

香蕉

afal

苹果

oren

橙子

melon

西瓜

lemwn

柠檬

moronen

胡萝卜

garlleg

大蒜

bambŵ

竹子

nionyn

洋葱

madarchen

蘑菇

cnau

坚果

nwdls

面条

sbageti

意大利面条

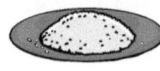

reis

米饭

salad

沙拉

sglodion

薯条

tatws wedi'u ffrïo

炸土豆

pitsa

披萨饼

hambyrger

汉堡包

brechdan

三明治

cytled

炸猪排

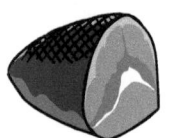

ham

火腿

salami

萨拉米

selsig

香肠

cyw iâr

鸡肉

rhost

烤肉

pysgodyn

鱼

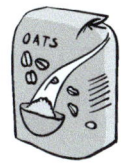

ceirch uwd

燕麦片

miwsli

穆兹利

creision ŷd

玉米片

blawd

面粉

croissant

羊角面包

bynsen

面包卷

bara

面包

tost

烤面包

bisgedi

饼干

menyn

黄油

ceuled

凝乳

teisen

蛋糕

wy

蛋

wy wedi'i ffrïo

煎蛋

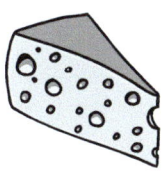

caws

奶酪

hufen iâ

冰激凌

siwgr

糖

mêl

蜂蜜

jam

果酱

siocled taenu

巧克力酱

cyri

咖喱饭

ffermdy
农舍

bwrn gwellt
稻草捆

ysgubor
粮仓

maes
田野

ceffyl
马

ôl-gerbyd
拖车

ebol
马驹

tractor
拖拉机

asyn
驴

oen
羔羊

dafad
羊

gafr

山羊

buwch

奶牛

llo

牛犊

mochyn

猪

porchell

小猪

tarw

公牛

gwydd

鹅

hwyaden

鸭

cyw

小鸡

iâr

母鸡

ceiliog

公鸡

llygoden fawr

鼠

cath

猫

llygoden

老鼠

ych

牛

ci

狗

cwt ci

狗屋

pibell ddŵr

花园浇水软管

can dŵr

洒水壶

pladur

长柄大镰刀

aradr

犁

cryman

镰刀

fforch chwynu

锄头

picwarch

长柄草耙

bwyell

斧头

berfa

独轮手推车

cafn

饲料槽

tun llefrith

牛奶罐

sach

麻布袋

ffens

栅栏

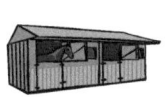

stabl

马厩

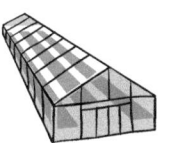

tŷ gwydr

温室

pridd

土壤

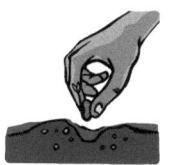

hedyn

种子

gwrtaith

肥料

dyrnwr medi

联合收割机

cynaeafu

收割

cynhaeaf

收割

iamau

山药

gwenith

小麦

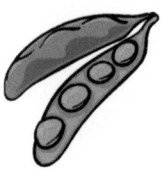

soi

大豆

tysen

土豆

grawn

玉米

had rêp

油菜籽

coeden ffrwythau

果树

manioc

树薯

grawnfwydydd

谷物

simnai
烟囱

to
屋顶

peipen law
落水管

ffenestr
窗户

garej
车库

cloch y drws
门铃

drws
门

bin sbwriel
垃圾桶

blwch post
信箱

gardd
花园

lolfa

客厅

ystafell ymolchi

浴室

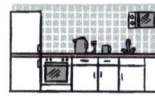

cegin

厨房

ystafell wely

卧室

ystafell plentyn

儿童房

ystafell fwyta

餐厅

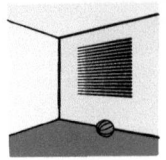

llawr

地板

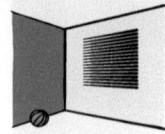

wal

墙壁

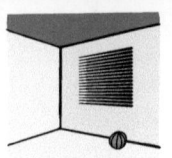

nenfwd

吊顶

seler

地窖

sawna

桑拿

balconi

阳台

teras

露台

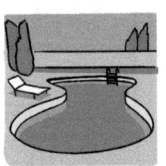

pwll

游泳池

peiriant torri gwair

割草机

taflen

被单

gorchudd gwely

床罩

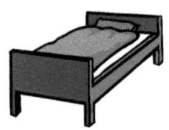

gwely

床

ysgub

扫帚

bwced

水桶

swits

开关

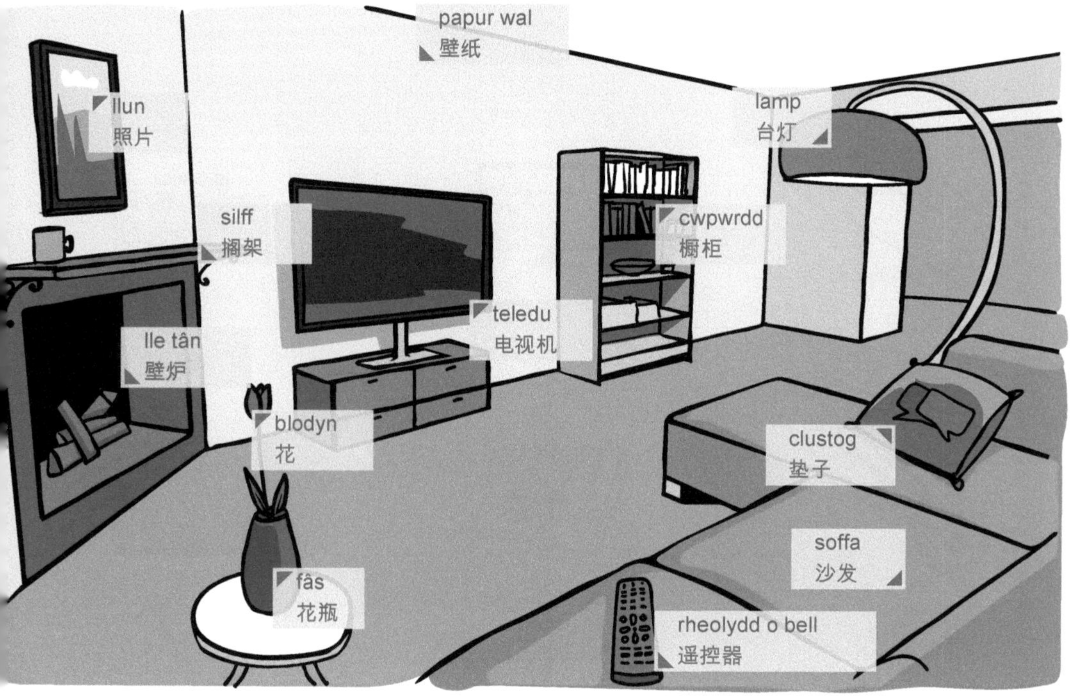

papur wal
壁纸

llun
照片

lamp
台灯

silff
搁架

cwpwrdd
橱柜

lle tân
壁炉

teledu
电视机

blodyn
花

clustog
垫子

soffa
沙发

fâs
花瓶

rheolydd o bell
遥控器

carped

地毯

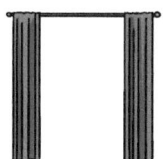

llen

窗帘

bwrdd

餐桌

cadair

椅子

cadair siglo

摇椅

cadair freichiau

扶手椅

llyfr

书

blanced

毯子

addurn

装饰品

coed tân

木柴

ffilm

电影

hi-fi

高保真音响

agoriad

钥匙

papur newydd

报纸

darlun

油画

poster

海报

radio

收音机

llyfr nodiadau

笔记本

hwfer

吸尘器

cactws

仙人掌

cannwyll

蜡烛

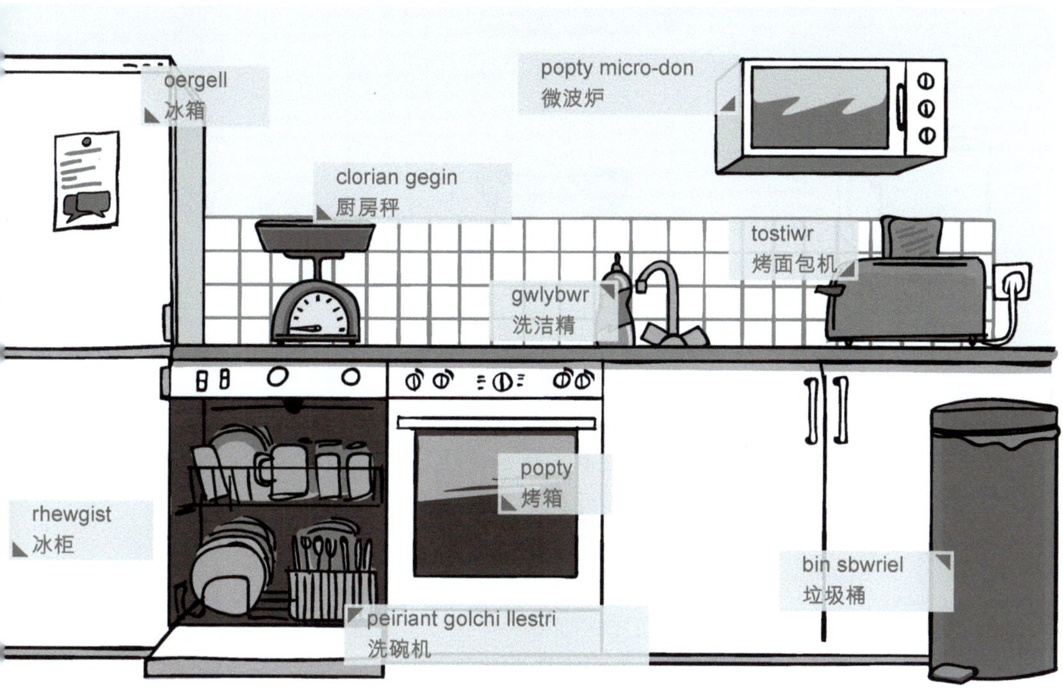

oergell
冰箱

popty micro-don
微波炉

clorian gegin
厨房秤

tostiwr
烤面包机

gwlybwr
洗洁精

rhewgist
冰柜

popty
烤箱

bin sbwriel
垃圾桶

peiriant golchi llestri
洗碗机

popty
炊具

pot
锅

pot haearn bwrw
铸铁锅

wok / kadai
炒锅

padell
平底锅

tegell
水壶

sosban stemio

蒸锅

hambwrdd pobi

烤盘

llestri

陶瓷锅

mwg

马克杯

powlen

碗

gweill bwyta

筷子

lletwad

长柄勺

ysbodol

铲子

chwisg

搅拌器

hidlydd

滤网

gogr

筛子

gratiwr

磨碎机

morter

研钵

barbeciw

烧烤

tân agored

明火

bwrdd torri cig

菜板

rholbren

擀面杖

tynnwr corcyn

开瓶器

tun

罐子

peth agor tuniau

开罐器

clwt pot

隔热手套

sinc

水槽

brws

刷子

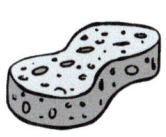

sbwng

海绵

peiriant cymysgu

搅拌机

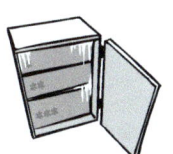

rhewgell

冷藏箱

potel babi

奶瓶

tap

水龙头

gwres
供暖设备

cawod
淋浴

tywel
毛巾

llen gawod
浴帘

baddon ewyn
泡沫浴

baddon
浴缸

gwydr
玻璃杯

peiriant golchi
洗衣机

tap
水龙头

teils
瓷砖

potyn
便壶

sinc
水槽

tŷ bach

厕所

toiled cyrcydu

蹲便器

bidet

坐浴器

troethfa

小便池

papur tŷ bach

厕纸

brws tŷ bach

马桶刷

brws dannedd

牙刷

past dannedd

牙膏

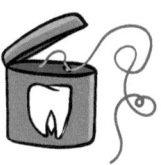

edau ddannedd

牙线

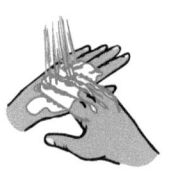

golchi

洗

cawod llaw

手持式喷淋头

golchfa

冲洗器

basn

洗脸盆

brws-ôl

擦背刷

sebon

肥皂

gel cawod

沐浴露

siampŵ

洗发水

gwlanen

法兰绒

ffos

排水

hufen

乳霜

diaroglydd

除臭剂

drych

镜子

drych llaw

手镜

rasel

剃须刀

ewyn eillio

剃须泡沫

sent eillio

须后水

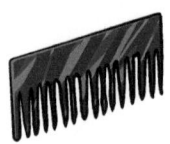

crib

梳子

brws

刷子

sychwr gwallt

吹风机

chwistrell gwallt

喷发定型剂

colur

化妆品

minlliw

唇膏

farnais ewinedd

指甲油

gwlân cotwm

化妆棉

siswrn ewinedd

指甲剪

persawr

香水

bag ymolchi

洗漱包

stôl

凳子

clorian

计重秤

gŵn baddon

浴袍

menig rwber

橡胶手套

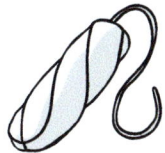

tampon

卫生棉条

tywel misglwyf

卫生巾

toiled cemegol

化学厕所

ystafell plentyn
儿童房

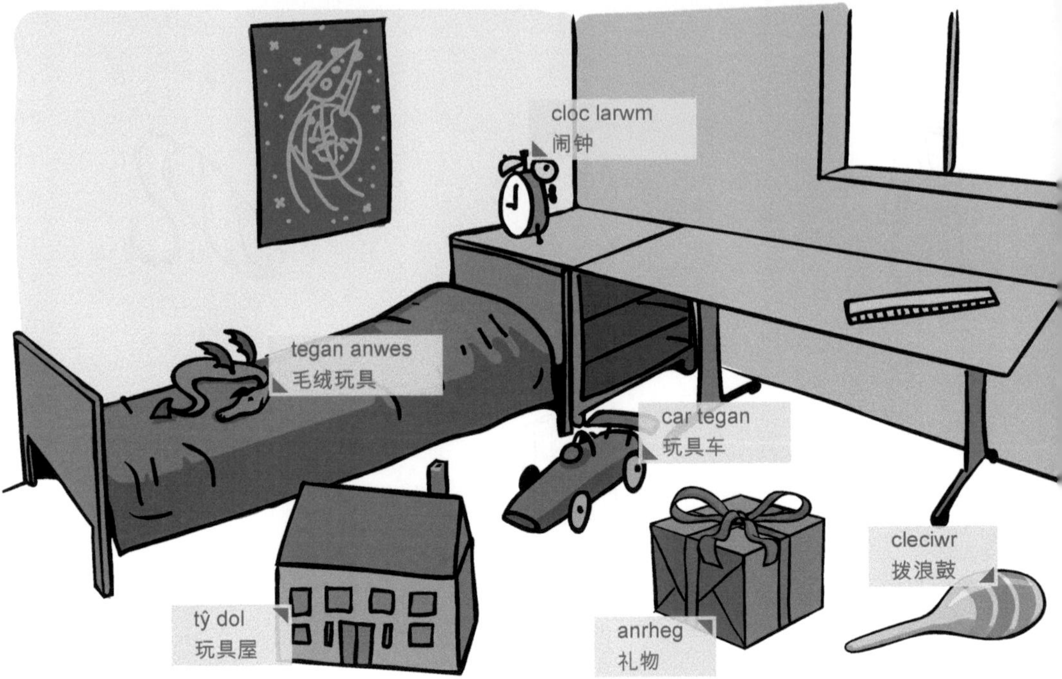

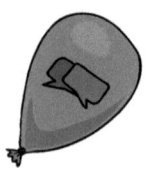

cloc larwm
闹钟
tegan anwes
毛绒玩具
car tegan
玩具车
cleciwr
拨浪鼓
tŷ dol
玩具屋
anrheg
礼物

balŵn

气球

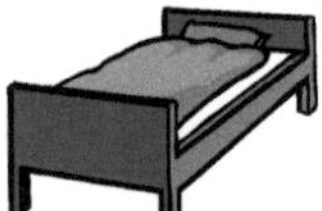

gwely

床

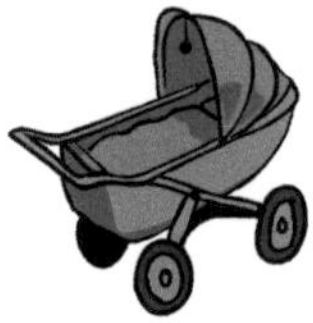

pram

（洋娃娃用）婴儿车

pecyn o gardiau

扑克牌

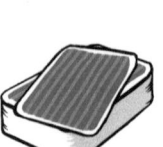

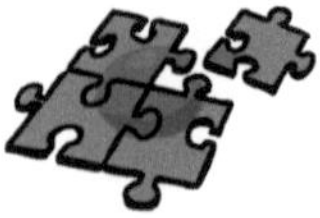

jig-so

拼图

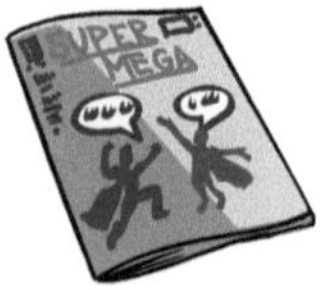

SUPER
MEGA

comic

漫画

brics Lego

乐高积木

blociau adeiladu

积木玩具

ffigur gweithredu

玩具人

babygro

婴儿服

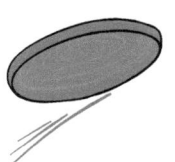

ffrisbi

飞盘

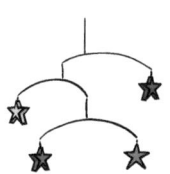

ffôn symudol

床铃玩具

gêm fwrdd

棋盘游戏

deis

骰子

set model trên

火车模型

teth lwgu

安抚奶嘴

parti

聚会

llyfr lluniau

绘本

pêl

球

dol

洋娃娃

chwarae

玩

pwll tywod

沙坑

swing

秋千

teganau

玩具

consol gemau fideo

游戏机

beic tair olwyn

三轮车

tedi

泰迪熊

cwpwrdd dillad

衣柜

dillad

衣服

hosanau

袜子

hosanau

长袜

teits

紧身裤

sgarff
围巾

gwregys
皮带

ymbarél
雨伞

crys-t
T恤

esidiau ymarfer
运动鞋

esgidiau
靴子

sliperi
拖鞋

sandalau
凉鞋

esgidiau
鞋

esgidiau rwber
雨靴

trôns
内裤

bra
胸罩

fest
背心

corff

身体

trowsus

裤子

jîns

牛仔裤

sgert

短裙

blows

女式衬衫

crys

衬衫

pwlofer

套头衫

hwdi

卫衣

blaser

西装夹克

siaced

夹克

côt

外套

côt law

雨衣

gwisg

套装

gŵn

连衣裙

gwisg briodas

婚纱

siwt

西装

gŵn nos

睡袍

pyjamas

睡衣

sari

莎丽

sgarff pen

头巾

tyrban

包头巾

bwrca

波卡

cafftan

卡夫坦

abaya

(阿拉伯式)长袍长袍

gwisg nofio

泳衣

trowsus nofio

男式泳裤

siorts

短裤

tracwisg

运动服

ffedog

围裙

menig

手套

botwm

纽扣

sbectol

眼镜

breichled

手链

cadwyn

项链

modrwy

戒指

clustdlws

耳环

cap

便帽

cambren

衣架

het

帽子

tei

领带

sip

拉链

helmed

头盔

fframiau danedd

背带

gwisg ysgol

校服

gwisg

制服

bib

围兜

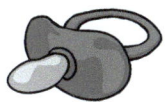

teth lwgu

安抚奶嘴

cewyn

尿不湿

swyddfa
办公室

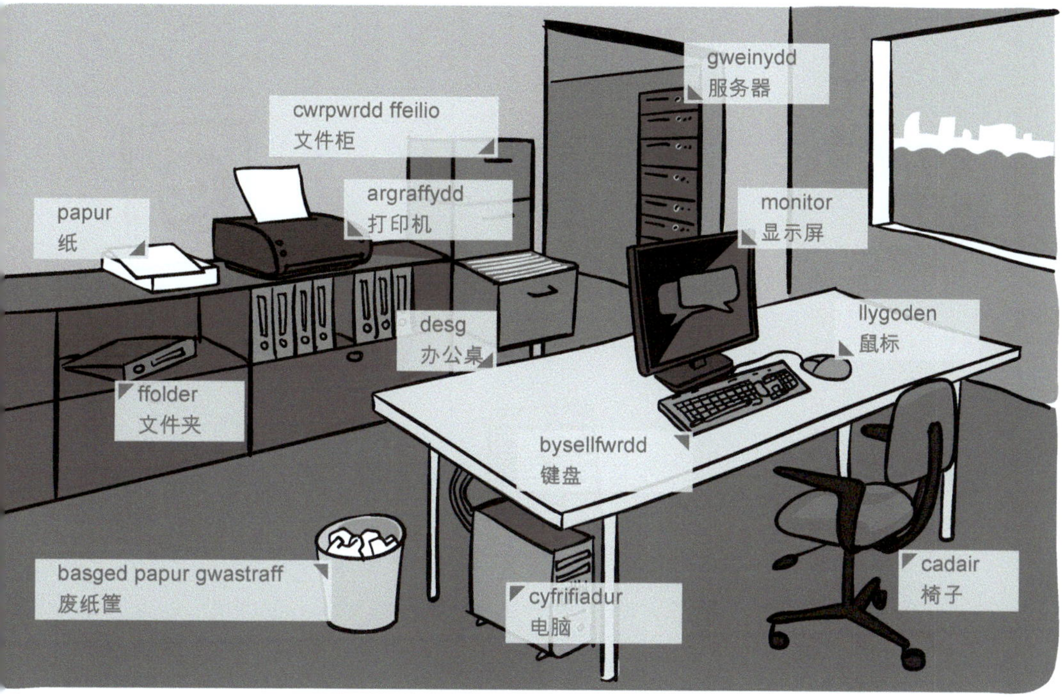

gweinydd
服务器

cwrpwrdd ffeilio
文件柜

argraffydd
打印机

papur
纸

monitor
显示屏

desg
办公桌

llygoden
鼠标

ffolder
文件夹

bysellfwrdd
键盘

basged papur gwastraff
废纸筐

cyfrifiadur
电脑

cadair
椅子

mwg coffi

咖啡杯

cyfrifiannell

计算器

rhyngrwyd

因特网

swyddfa - 办公室

49

gliniadur

笔记本电脑

llythyr

信件

neges

消息

ffôn symudol

手机

rhwydwaith

网络

llungopïwr

复印机

meddalwedd

软件

teleffon

电话

soced plwg

插座

peiriant ffacs

传真机

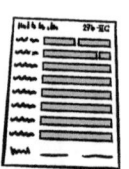

ffurflen

表格

dogfen

文件

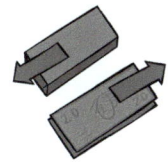

prynu

买

talu

付钱

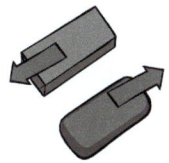

masnachu

交易

arian

现金

doler

美元

ewro

欧元

yen

日元

rwbl

卢布

ffranc y Swistir

瑞士法郎

yuan renminbi

人民币

rwpi

卢比

peiriant arian

提款处

swyddfa gyfnewid

外币兑换处

aur

金

arian

银

olew

石油

ynni

能源

pris

价格

contract

合同

treth

税金

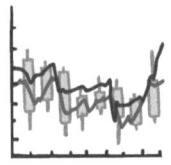

stoc

股票

gweithio

工作

cyflogai

职员

cyflogwr

老板

ffatri

工厂

siop

商店

swyddog heddlu
警官

diffoddwr tân
消防员

cogydd
厨师

meddyg
医生

peilot
飞行员

garddwr

园丁

saer

木匠

gwniadwraig

裁缝

barnwr

法官

fferyllydd

化学家

actor

演员

gyrrwr bws

公交车司机

gyrrwr tacsi

出租车司机

pysgotwr

渔夫

glanhawraig

清洁女工

töwr

屋顶工

gweinydd

服务员

heliwr

猎人

paentiwr

画家

pobydd

面包师

trydanwr

电工

adeiladwr

建筑工人

peiriannydd

工程师

cigydd

屠夫

plymiwr

水管工

dyn y post

邮递员

milwr

士兵

pensaer

建筑师

ariannwr

收银员

gwerthwr blodau

花农

triniwr gwallt

理发师

archwiliwr tocynnau rheilffordd

售票员

mecanydd

机械师

capten

船长

deintydd

牙医

gwyddonydd

科学家

rabi

拉比

imam

伊玛目

mynach

和尚

clerigwr

牧师

offer

工具

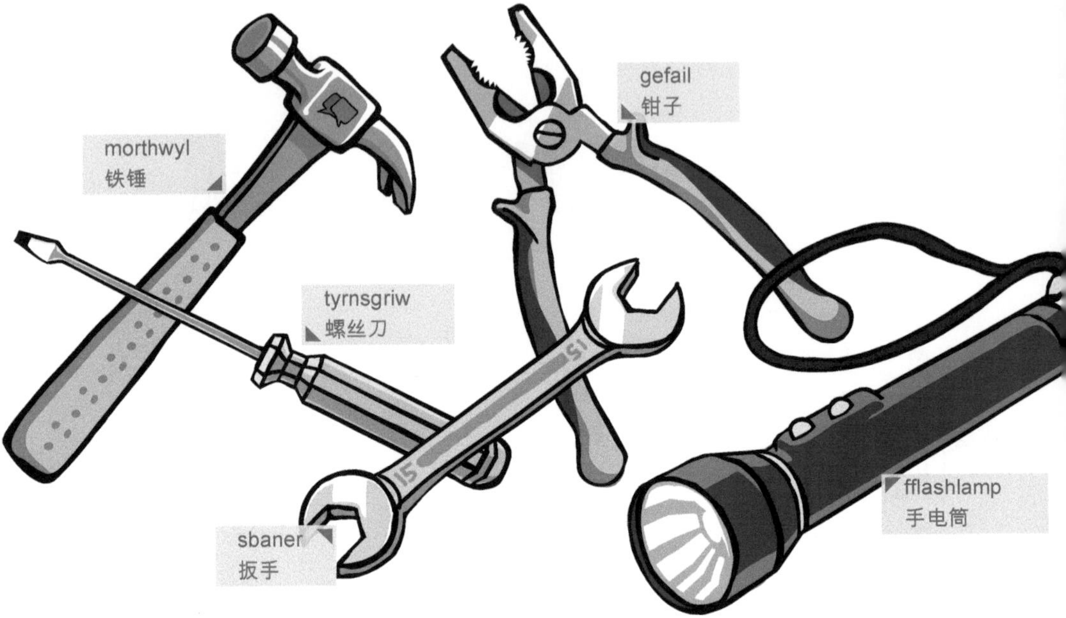

morthwyl
铁锤
gefail
钳子
tyrnsgriw
螺丝刀
sbaner
扳手
fflashlamp
手电筒

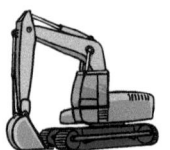

turiwr

挖掘机

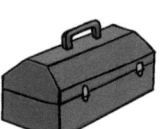

blwch offer

工具箱

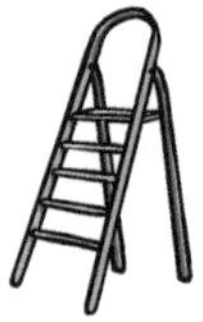

ysgol

梯子

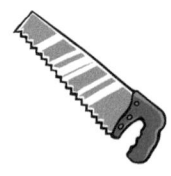

llif

锯子

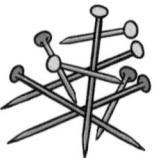

hoelion

钉子

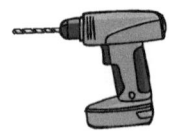

dril

钻机

trwsio

修

rhaw

铲子

Daria!

靠！

rhaw lwch

簸箕

pot paent

油漆桶

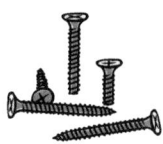

sgriwiau

螺丝

offerynnau cerdd

乐器

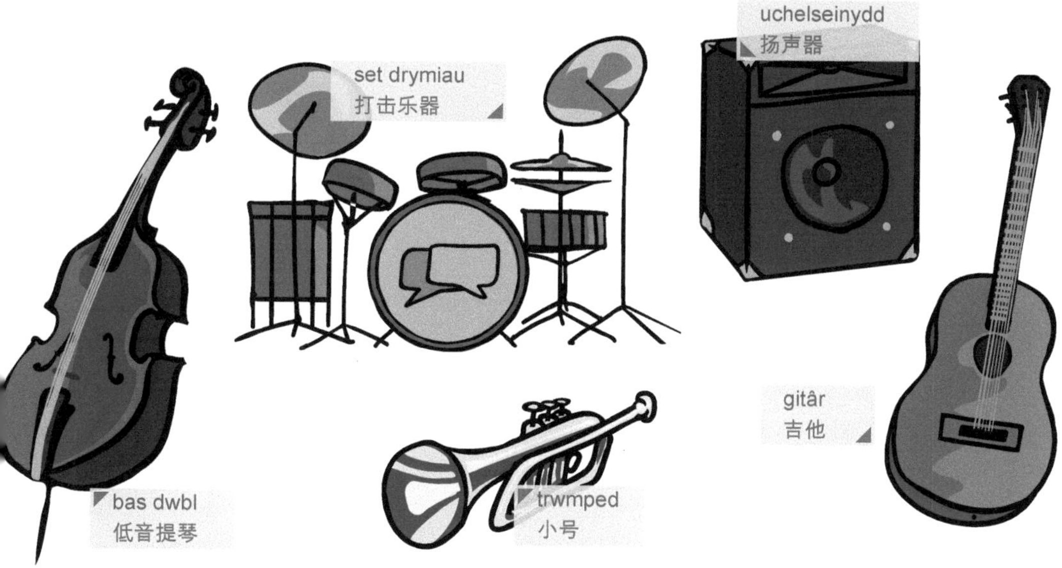

uchelseinydd
扬声器

set drymiau
打击乐器

gitâr
吉他

bas dwbl
低音提琴

trwmped
小号

piano

钢琴

ffidil

小提琴

bas

贝斯

timpani

定音鼓

drymiau

鼓

cyweirfwrdd

电子琴

sacsoffon

萨克斯管

ffliwt

长笛

meicroffon

麦克风

动物园

teigr
老虎

cawell
笼子

sebra
斑马

bwyd anifeiliaid
动物饲料

mynediad
入口

panda
熊猫

anifeiliaid

动物

eliffant

大象

cangarŵ

袋鼠

rhinoseros

犀牛

gorila

大猩猩

arth

熊

camel

骆驼

estrys

鸵鸟

llew

狮子

mwnci

猴子

fflamingo

火烈鸟

parot

鹦鹉

arth wen

北极熊

pengwin

企鹅

siarc

鲨鱼

paun

孔雀

neidr

蛇

crocodeil

鳄鱼

gofalwr sŵ

动物园管理员

morlo

海豹

jagwar

美洲豹

merlyn

矮种马

llewpard

豹

hipo

河马

jiráff

长颈鹿

eryr

老鹰

baedd

野猪

pysgodyn

鱼

crwban

龟

walrws

海象

llwynog

狐狸

gafrewig

羚羊

chwaraeon
体育

pêl-droed America
橄榄球

beicio
骑自行车

tennis
网球

pêl-fasged
篮球

nofio
游泳

bocsio
拳击

hoci iâ
冰球

pêl-droed
英式足球

badminton
羽毛球

athletau
田径

pêl-law
手球

sgïo
滑雪

polo
马球

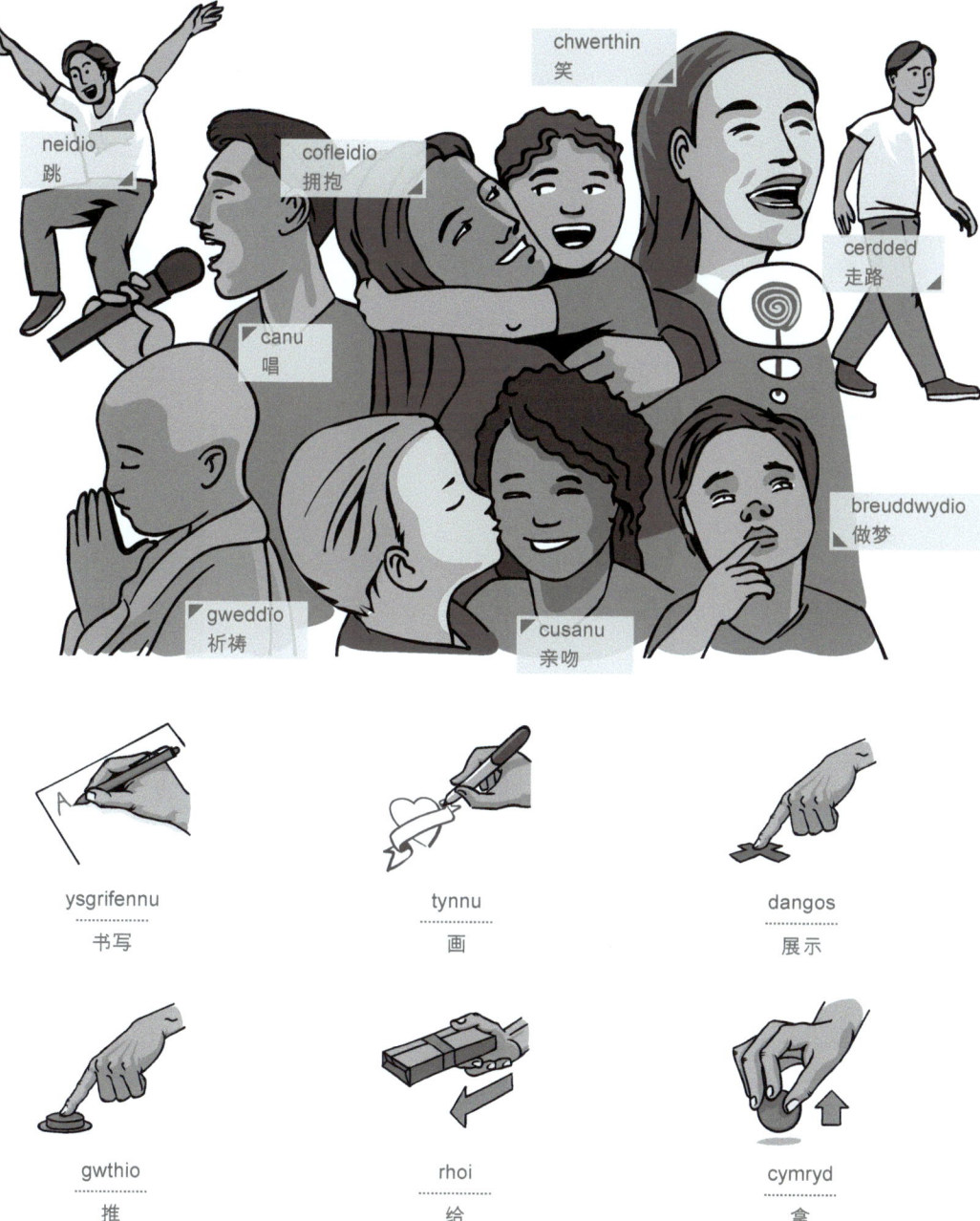

chwerthin
笑

neidio
跳

cofleidio
拥抱

cerdded
走路

canu
唱

breuddwydio
做梦

gweddïo
祈祷

cusanu
亲吻

ysgrifennu
书写

tynnu
画

dangos
展示

gwthio
推

rhoi
给

cymryd
拿

bod gan

有

gwneud

做

bod

当

sefyll

站

rhedeg

跑

tynnu

拉

taflu

扔

disgyn

摔倒

gorwedd

躺

aros

等待

cario

携带

eistedd

坐

gwisgo amdanoch

穿衣

cysgu

睡觉

deffro

醒来

edrych ar

看

crïo

哭

anwesu

抚摸

cribo

梳头

siarad

交谈

deall

明白

gofyn

问

gwrando

听

yfed

喝

bwyta

吃

tacluso

清理

caru

爱

coginio

做饭

gyrru

开车

hedfan

飞

hwylio

航行

cyfrifo

计算

darllen

读

dysgu

学习

gweithio

工作

priodi

结婚

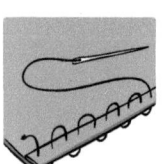

gwnïo

缝

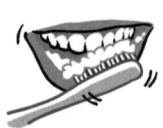

brwsio dannedd

刷牙

lladd

杀

ysmygu

抽烟

anfon

寄

nain
祖母

taid
祖父

tad
父亲

mam
母亲

baban
婴童

merch
女儿

mab
儿子

gwestai

客人

modryb

阿姨

ewythr

叔叔

brawd

兄弟

chwaer

姐妹

corff

身体

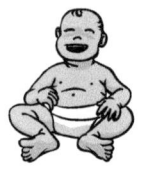

talcen
前额
llygad
眼睛
ysgwydd
肩膀
bys
手指
wyneb
脸
gên
下巴
llaw
手
coes
腿
bron
乳房
braich
手臂

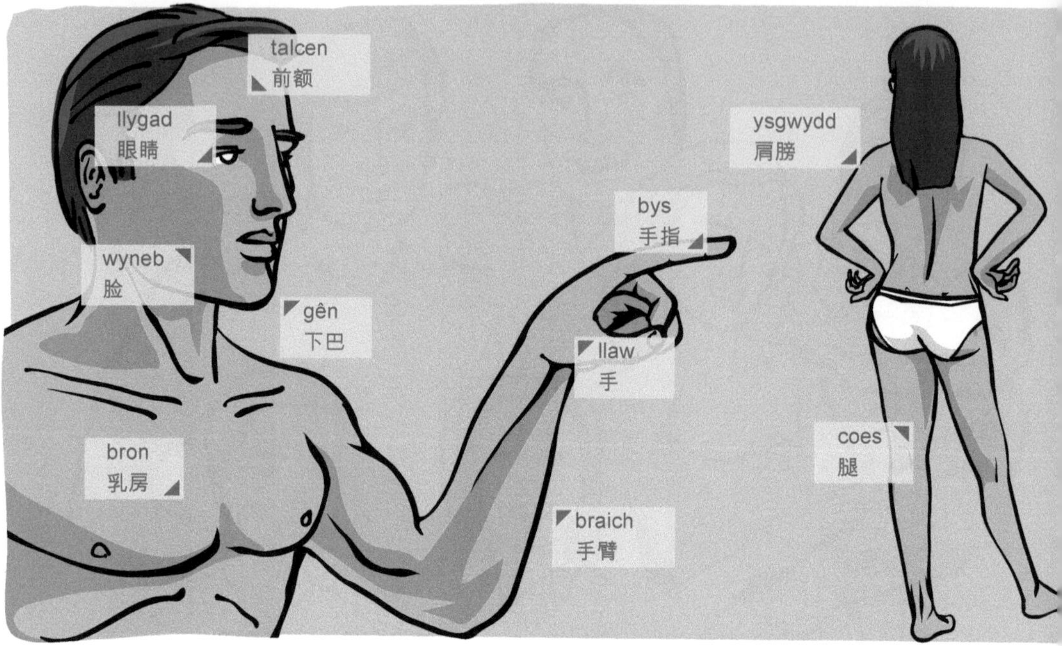

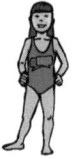

baban

婴童

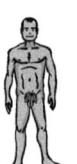

dyn

男人

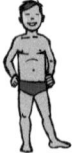

gwraig

女人

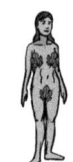

geneth

女孩

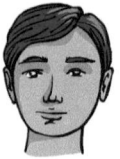

bachgen

男孩

pen

头

cefn

背部

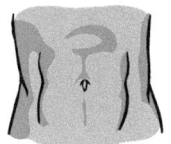

bel

肚子

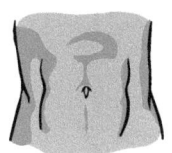

bogail

肚脐

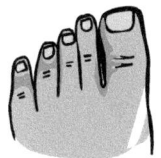

bys troed

脚趾

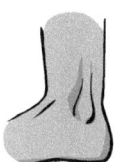

sawdl

脚后跟

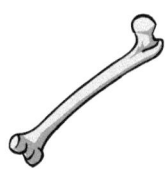

asgwrn

骨头

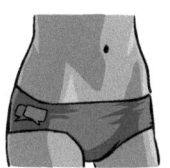

clun

臀部

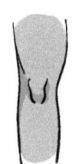

pen-glin

膝盖

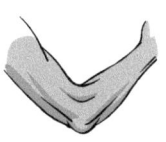

penelin

手肘

trwyn

鼻子

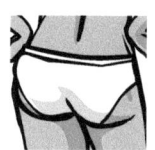

pen ôl

屁股

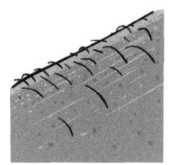

croen

皮肤

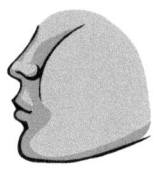

boch

脸颊

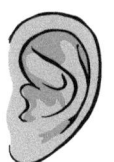

clust

耳朵

gwefus

嘴唇

ceg

嘴

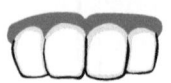

dant

牙齿

tafod

舌头

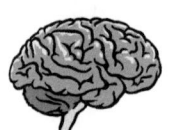

ymennydd

脑

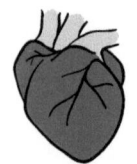

calon

心脏

cyhyr

肌肉

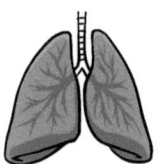

ysgyfaint

肺

iau

肝脏

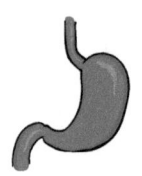

stumog

胃

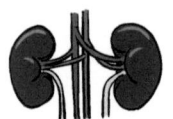

arennau

肾脏

rhyw

性交

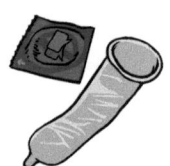

condom

避孕套

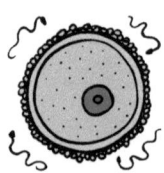

ofwm

卵子

semen

精子

beichiogrwydd

怀孕

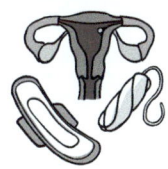

mislif

月经

fagina

阴道

pidyn

阴茎

ael

眉毛

gwallt

头发

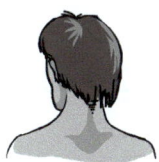

gwddf

脖子

ysbyty
医院

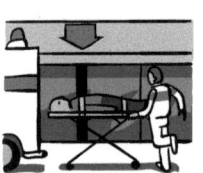

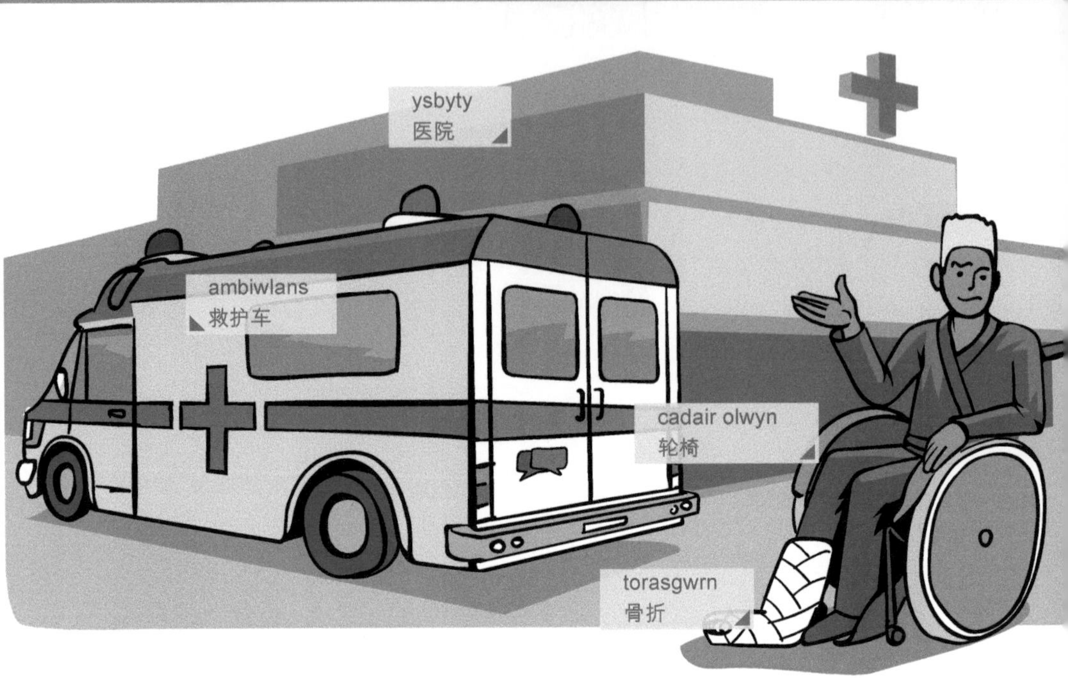

ysbyty
医院
ambiwlans
救护车
cadair olwyn
轮椅
torasgwrn
骨折

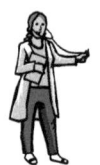

meddyg
医生

ystafell argyfwng
急诊室

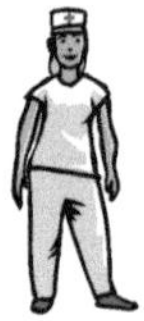

nyrs
护士

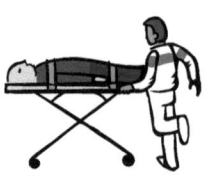

argyfwng
紧急情况

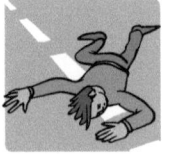

anymwybodol
昏迷

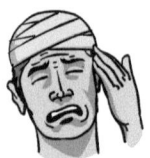

poen
痛

anaf

受伤

gwaedu

出血

trawiad ar y galon

心脏病发作

strôc

中风

alergedd

过敏

peswch

咳嗽

twymyn

发烧

ffliw

流感

dolur rhydd

腹泻

cur pen

头痛

canser

癌症

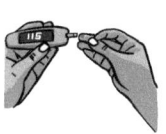

diabetes

糖尿病

llawfeddyg

外科医生

fflaim

手术刀

gweithrediad

手术

CT

CT

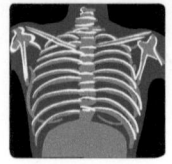

pelydr-x

X光

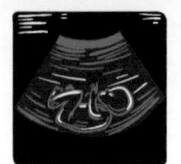

uwchsain

超声波

mwgwd wyneb

口罩

clefyd

疾病

ystafell aros

候诊室

bagl

拐杖

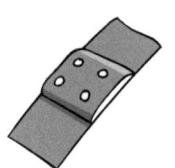

plastr

石膏

rhwymyn

绷带

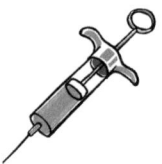

pigiad

注射

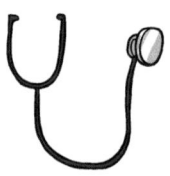

stethosgop

听诊器

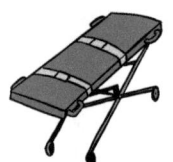

elorwely

担架

thermomedr clinigol

体温计

genedigaeth

出生

dros bwysau

超重

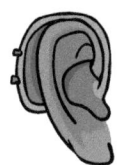

cymorth clyw

助听器

diheintydd

消毒液

haint

感染

firws

病毒

HIV / AIDS

艾滋病

meddygaeth

药物

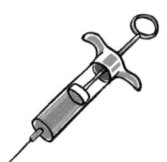

brechiad

接种疫苗

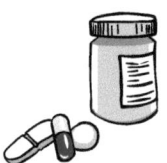

tabledi

药片

y bilsen

药丸

galwad frys

急救电话

monitor pwysau gwaed

血压计

yn sâl / yn iach

生病/健康

argyfwng
紧急情况

Help!

救命！

larwm

警报

ymosodiad

突击

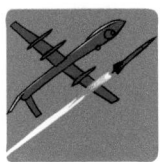

ymosodiad

攻击

perygl

危险

allanfa argyfwng

紧急出口

Tân!

着火啦！

diffoddwr tân

灭火器

damwain

意外

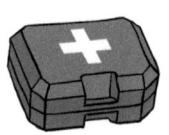

pecyn cymorth cyntaf

急救箱

SOS

呼救信号

heddlu

警察

Ewrop

欧洲

Gogledd America

北美洲

De America

南美洲

Affrica

非洲

Asia

亚洲

Awstralia

澳洲

Iwerydd

大西洋

y Môr Tawel

太平洋

Cefnfor yr India

印度洋

Cefnfor yr Antarctig

南冰洋

Cefnfor yr Arctig

北冰洋

Pegwn y Gogledd

北极

Pegwn y De

南极

Antarctica

南极洲

y Ddaear

地球

tir

陆地

môr

海

ynys

岛

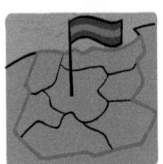

cenedl

国家

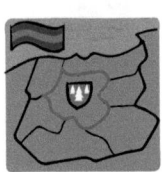

gwladwriaeth

国家

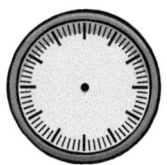

wyneb cloc

钟面

bys awr

时针

bys munud

分针

bys eiliad

秒针

Faint o'r gloch yw hi?

现在几点？

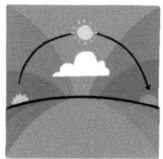

dydd

天

amser

时间

yn awr

现在

cloc digidol

电子表

munud

分

awr

时

wythnos

周

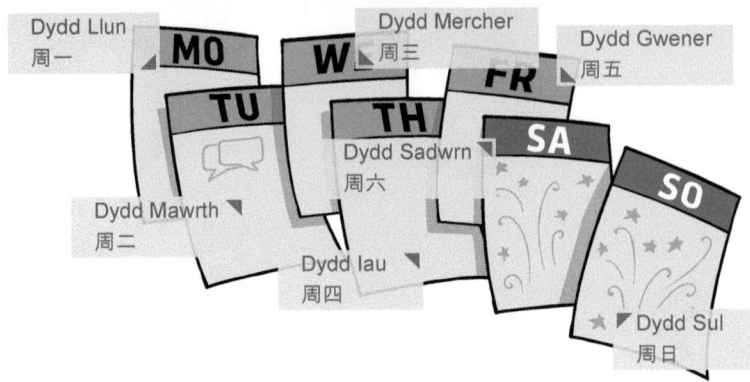

Dydd Llun 周一
Dydd Mercher 周三
Dydd Gwener 周五
Dydd Mawrth 周二
Dydd Sadwrn 周六
Dydd Iau 周四
Dydd Sul 周日

ddoe

昨天

heddiw

今天

yfory

明天

bore

早晨

canol dydd

中午

noswaith

晚上

diwrnodiau busnes

工作日

penwythnos

周末

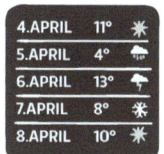

blwyddyn

年

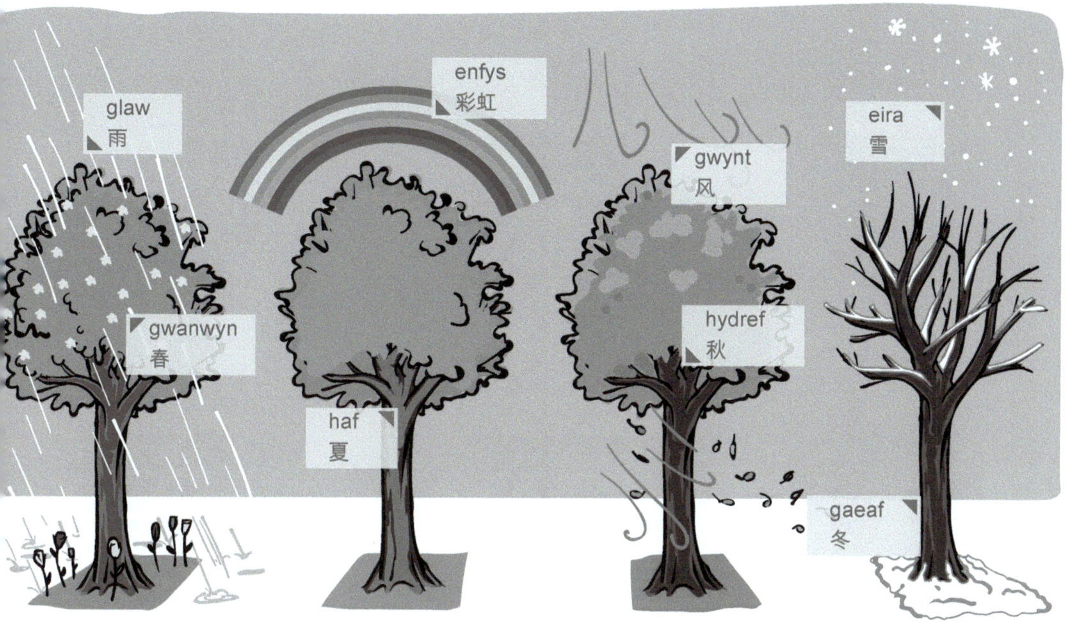

glaw
雨
enfys
彩虹
gwynt
风
eira
雪
gwanwyn
春
hydref
秋
haf
夏
gaeaf
冬

4.APRIL 11°
5.APRIL 4°
6.APRIL 13°
7.APRIL 8°
8.APRIL 10°

rhagolygon y tywydd

天气预报

F
C
120
90
60
30
0
-30
40
30
20
10
0
-10
-20

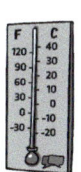

thermomedr

温度计

heulwen

阳光

cwmwl

云

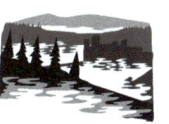

niwl tew

雾

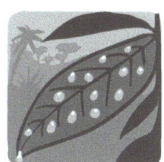

lleithder

潮湿

mellt

闪电

taranau

打雷

storm

风暴

cenllysg

冰雹

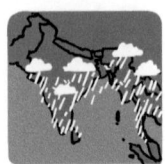

monswn

季风

llif

洪水

iâ

冰

Ionawr

一月

Chwefror

二月

Mawrth

三月

Ebrill

四月

Mai

五月

Mehefin

六月

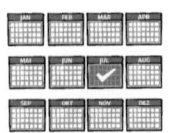

Gorffennaf

七月

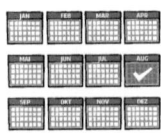

Awst

八月

Medi

九月

Hydref

十月

Tachwedd

十一月

Rhagfyr

十二月

siapiau

形状

cylch

圆形

sgwâr

正方形

petryal

长方形

triongl

三角形

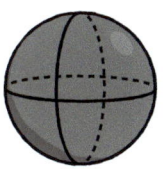

sffêr

球体

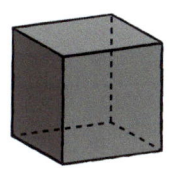

ciwb

立方体

gwyn

白

melyn

黄

oren

橙

pinc

粉

coch

红

porffor

紫

glas

蓝

gwyrdd

绿

brown

棕

llwyd

灰

du

黑

llawer / ychydig

很多/少许

dig / tawel

生气/平静

hardd / hyll

美/丑

dechrau / diwedd

首/尾

mawr / bach

大/小

llachar / tywyll

明/暗

brawd / chwaer

兄弟/姐妹

glân / budr

干净/肮脏

gyflawn / anghyflawn

完整/缺失

dydd / nos

白天/晚上

farw / yn fyw

死/生

eang / cul

宽/窄

bwytadwy / anfwytadwy

可食用/非食用

drwg / caredig

邪恶/善良

llawn cyffro / diflasu

兴奋/无聊

tew / tenau

胖/瘦

cyntaf / olaf

第一/最后

cyfaill / gelyn

朋友/敌人

llawn / gwag

满/空

caled / meddal

硬/软

trwm / ysgafn

重/轻

wedi newynnu / yn sychedig

饿/渴

yn sâl / yn iach

生病/健康

anghyfreithlon / cyfreithiol

非法/合法

deallus / twp

聪明/愚笨

chwith / dde

左/右

agos / pell

近/远

86   cyferbyniadau - 反义词

newydd / wedi'i ddefnyddio

新/旧

dim / rhywbeth

没有/有些

hen / ifanc

老/幼

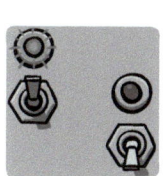

ymlaen / i ffwrdd

开/关

ar agor / ar gau

打开/合上

tawel / uchel

安静/吵闹

cyfoethog / tlawd

富/穷

cywir / anghywir

对/错

garw / llyfn

粗糙/光滑

trist / hapus

伤心/高兴

byr / hir

短/长

araf / cyflym

慢/快

gwlyb / sych

湿/干

cynnes / claear

温暖/凉爽

rhyfel / heddwch

战争/和平

rhifau
数字

0

sero
零

1

un
一

2

dau
二

3

tri
三

4

pedwar
四

5

pump
五

6

chwech
六

7

saith
七

8

wyth
八

9

naw
九

10

deg
十

11

un deg un
十一

12

un deg dau

十二

13

un deg tri

十三

14

un deg pedwar

十四

15

un deg pump

十五

16

un deg chwech

十六

17

un deg saith

十七

18

un deg wyth

十八

19

un deg naw

十九

20

dau ddeg

二十

100

cant

百

1.000

mil

千

1.000.000

miliwn

百万

Saesneg

英语

Saesneg America

美式英语

Tsieinëeg Mandarin

普通话

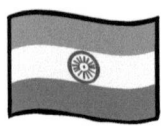

Hindi

印地语

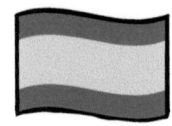

Sbaeneg

西班牙语

Ffrangeg

法语

Arabeg

阿拉伯语

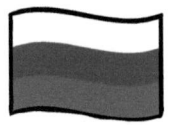

Rwseg

俄语

Portiwgaleg

葡萄牙语

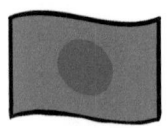

Bengali

孟加拉语

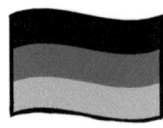

Almaeneg

德语

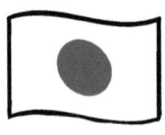

Siapanaeg

日语

fi

我

ti

你

ef / hi

他/她/它

ni

我们

chi

你们

nhw

他们

pwy?

谁？

beth?

什么？

sut?

怎样？

ble?

哪里？

pryd?

什么时候？

enw

名字

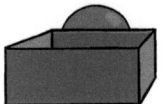

y tu ôl i

后面

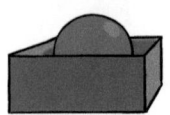

yn / yng / ym / mewn

里面

o flaen

前面

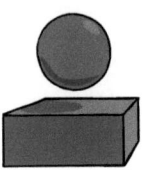

dros

上方

ar

上面

dan

下面

wrth ochr

旁边

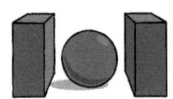

rhwng

中间

lle

地点